O QUE DEVE SER FEITO

Hans-Hermann Hoppe

O QUE DEVE SER FEITO

Prefácio à 2ª edição de
Rodrigo **Saraiva Marinho**

Nova tradução de
Paulo **Polzonoff**

São Paulo | 2019

Impresso no Brasil, 2019

Título original: *What Must Be Done*
Copyright © 2009 by Ludwig von Mises Institute

Os direitos desta edição pertencem ao
Instituto Ludwig von Mises Brasil
Rua Leopoldo Couto de Magalhães Júnior, 1098, Cj. 46
04.542-001. São Paulo, SP, Brasil
Telefax: 55 (11) 3704-3782
contato@mises.org.br · www.mises.org.br

Editor Responsável | Alex Catharino
Tradução | Paulo Polzonoff
Revisão da tradução | Ligia Alves
Revisão ortográfica e gramatical | Márcio Scansani / Armada
Preparação de textos | Alex Catharino
Revisão final | Márcio Scansani / Armada
Produção editorial | Clarisse Cintra & Silvia Rebello / BR75
Capa | Mariangela Ghizellini / LVM
Projeto gráfico | Luiza Aché / BR75
Diagramação e editoração | Laura Arbex / BR75
Elaboração do índice remissivo | Márcio Scansani / Armada
Pré-impressão e impressão | PlenaPrint Gráfica

Dados Internacionais de Catalogação na Publicação (CIP)
Angélica Ilacqua CRB-8/7057

H769q	Hoppe, Hans-Hermann
	O que deve ser feito / Hans-Hermann Hoppe ; prefácio à 2ª edição de Rodrigo Saraiva Marinho ; nova tradução de Paulo Polzonoff. – 2. ed. – São Paulo, SP : LVM Editora, 2019.
	80 p.
	ISBN: 978-85-93751-90-5
	Título original: *What Must Be Done*
	1. Ciências sociais 2. Economia 3. Ciência política – Filosofia 4. Livre-comércio 5. Estado 6. Democracia 7. Propriedade privada 8. Libertarismo I. Título II. Marinho, Rodrigo Saraiva III. Polzonoff, Paulo
19-1427	CDD 300

Índices para catálogo sistemático:
1. Ciências sociais   300

Reservados todos os direitos desta obra. Proibida toda e qualquer
reprodução integral desta edição por qualquer meio ou forma, seja
eletrônica ou mecânica, fotocópia, gravação ou qualquer outro meio
de reprodução sem permissão expressa do editor. A reprodução
parcial é permitida, desde que citada a fonte.

Sumário

7   Nota à 2ª edição brasileira
      Alex Catharino

9   Prefácio à 2ª edição brasileira
      Caminhos para o Brasil
      Rodrigo Saraiva Marinho

19   Introdução

21   Capítulo 1
      Sociedade e Cooperação

25   Capítulo 2
      A Proteção e o Estado

31   Capítulo 3
      A Impossibilidade do Estado Mínimo

33 Capítulo 4
Monarquia x Democracia

37 Capítulo 5
Condições Atuais

41 Capítulo 6
Estratégia: Detendo a Doença Estatista

45 Capítulo 7
Reforma de Cima para Baixo: Convertendo
o Rei

55 Capítulo 8
O Desaparecimento das Elites Naturais

59 Capítulo 9
O Papel dos Intelectuais

63 Capítulo 10
Uma Revolução de Baixo para Cima

73 Índice remissivo e onomástico

Nota à 2ª edição brasileira

O ensaio *What Must Be Done* [*O Que Deve Ser Feito*] é o texto de uma palestra em inglês proferida pelo filósofo, sociólogo e economista alemão Hans-Hermann Hoppe como parte da programação da conferência The Bankruptcy of American Politics "A falência da política norte-americana", promovida pelo Mises Institute nos dias 24 e 25 de janeiro de 1997, em Newport Beach, na Califórnia.

Em língua portuguesa o texto foi publicado originalmente no ano de 2013, pelo Instituto Ludwig von Mises Brasil (IMB). Optamos por uma nova tradução, elaborada por Paulo Polzonoff. Nesta nova versão de *O Que Deve Ser Feito* acrescentamos um prefácio exclusivo de Rodrigo Saraiva Marinho, além algumas notas do editor assinaladas como (N.E.) e de um índice remissivo e onomástico.

Não poderíamos deixar de agradecer pelo apoio inestimável que sempre obtivemos do Ludwig von Mises Institute, em Auburn, no Alabama, nos Estados Unidos. Em nome da equipe do IMB e da LVM expressamos aqui a nossa imensa gratidão a todos os membros da instituição norte-americana, dentre as quais destaco os nomes de Llewellyn H. Rockwell Jr., de Jeff Deist, de Joseph T. Salerno e de Judy Thommesen.

Alex Catharino
Editor Responsável da LVM Editora

Prefácio à 2ª edição brasileira
Caminhos para o Brasil

Rodrigo Saraiva Marinho

Meu caro leitor, é um prazer estar com você. Neste momento, você pode estar lendo ou ouvindo este livro formidável do polêmico Hans-Hermann Hoppe, autor dessa pequena brilhante obra.

A trajetoria intelectual de Hoppe torna-o um dos pensadores mais capacitados para abordar os temas discutidos em *O Que Deve Ser Feito*. A mesma pergunta feita por este eminente libertário individualista em 1997, durante uma conferência organizada, na Califórnia, pelo Mises Institute, também é o título de um livro, publicado em 1902, pelo revolucionário marxista russo Vladimir Lenin (1870-1924), o princípal líder da revolução comunista de 1917. Antes de se tornar um defensor das teorias liberais da Escola

Austríaca de Economia, em sua vertente anarcocapitalista, Hoppe foi um marxista.

Nascido em 2 de setembro de 1949, na cidade de Peine, na Alemanha Ocidental, Hans-Hermann Hoppe foi estudante de Filosofia, de Sociologia, de Economia e de Estatística na Universität des Saarlandes. Cursou o mestrado em Sociologia e o doutorado em Filosofia na Goethe-Universität, em Frankfurt, sendo orientado pelo famoso filósofo marxista Jürgen Habermas na tese de doutorado defendida em 1974. Entre os anos de 1976 e 1978, fez o pós-doutorado em Sociologia e em Economia na University of Michigan, nos Estados Unidos. Em 1981, obteve a habilitação em Fundamentos da Sociologia e da Economia pela Goethe-Universität. Lecionou em diversas instituições de ensino superior na Europa.

Ao tomar maior contato com as obras dos economistas e filósofos liberais Ludwig von Mises (1881-1973) e Murray N. Rothbard (1926-1995), se tornou discípulo deste último e imigrou em 1988 para os Estados Unidos, onde foi professor da Johns Hopkins Univerty e da University of Nevada, além de pesquisador do Ludwig von Mises Institute. Atualmente, vive com sua esposa em Istambul, na Turquia.

Hans-Hermann Hoppe é uma dos mais importantes pensadores libertários de nossa época. Autor de uma vasta obra, na qual se destacam os livros *Uma Teoria sobre Socialismo e Capitalismo*, de 1989;

Prefácio à 2ª edição brasileira

A Ética e a Economia da Propriedade Privada, de 1993; *Democracia, o Deus que Falhou*, de 2001; e *Uma Breve História do Homem*, de 2015. Uma das melhores introduções às polêmicas ideias deste intelectual é *O Que Deve Ser Feito*.

Confesso que não gosto de prefácios. Em geral, tendo a não lê-los ou, agora com áudio-livros, a não ouvi-los. Acredito que a experiência que o autor quis propor ao leitor possa ser atrapalhada com esse desvio. Dessa forma, vou tentar não direcionar a leitura deste pequeno livro, que você irá ler rapidamente.

Quando eu li *O Que Deve Ser Feito*, de forma encantada, tomei algumas decisões que mudaram totalmente a minha vida. Saí da minha zona de conforto e decidi que faria parte da política. Ora, você pode estar se perguntando como um livro de um anarcocapitalista como Hoppe pode fazer alguém ir ao Estado e juntar-se a política.

Somente existem duas formas de mudar algo: através da força ou das ideias. A partir desse raciocínio, podemos pegar em armas, fazer uma revolução, mudar as regras do jogo e acabar com o Estado. Esse é um dos caminhos, provavelmente mais rápido, porém, em regra, sempre que isso foi feito o tamanho do Estado não diminuiu, ele aumentou. A outra forma exige paciência e muita força de vontade, mudar a cultura de um país por meio de ideias. Entender, claramente, que somente ideias podem iluminar a escuridão e encarar cada debate, cada ideia, respeitando fortemente o seu aliado e, ainda mais, o seu oponente.

O livro que você tem nas mãos vai apresentar algo novo aos brasileiros, a ideia de federalismo; melhor, a ideia de hiperfederalismo. Meu caro leitor, você pode estar agora pensando que o federalismo no Brasil já existe, está na nossa Constituição, estou certo? O primeiro ponto é que o que está no papel nem sempre é verdade e o segundo ponto é que o federalismo no Brasil é uma piada, já que Brasília centraliza grande parte dos recursos do Brasil para somente após isso dividir tais recursos.

A premissa desse hiperfederalismo é que deve ser fácil a migração para as pessoas, a ideia é que o mundo e o nosso país devem ser o mais descentralizados possíveis, a ideia de votar com os pés. Ora, mas o que seria isso?

Ayn Rand (1905-1982) afirmou certa vez que *"a menor minoria na Terra é o indivíduo. Aqueles que negam os direitos individuais não podem se dizer defensores das minorias"*. E em cada indivíduo há um mundo de conhecimento, algo retratado de forma brilhante num dos mais incríveis trabalhos de Friedrich August von Hayek (1899-1992), o ensaio "The Use of Knowledge in Society" [O Uso do Conhecimento na Sociedade].

O Brasil perdeu um tremendo conhecimento nos últimos anos, já que tivemos uma das maiores ondas migratórias da história. Brasileiros foram a outros países porque estavam desencantados com as perspectivas do nosso país, ou seja, votaram com os pés. O problema é que isso é caro, desgastante e difícil por conta da cultura, da língua e da adaptação exigida pelas pessoas que migram de um país para outro.

Mas, ao invés de migrar para outro país, por que não fazemos isso para outro lugar no nosso próprio país? Por que não estabelecer que cada cidade do nosso território continental tenha sua própria legislação? Que cada cidade possa fazer suas próprias escolhas? Que as cidades possam concorrer entre si não só com as opções dentro da cidade?

É a partir dessas perguntas que Hoppe apresenta suas propostas em O *Que Deve Ser Feito*, demonstrando soluções de como os libertários devem agir para mudar o país. Agora, você que está lendo pode estar se perguntando o porquê eu quis entrar para a política?

Armas não são uma solução para resolver os problemas, acredito em armas como proteção à vida, à liberdade e à propriedade, mas não para o ataque. O nosso ataque é sempre a palavra, afinal, "ideias são à prova de bala". Ou como em *As Seis Lições* disse Ludwig von Mises: *"Ideias, somente ideias, podem iluminar a escuridão. As boas ideias devem ser levadas às pessoas de tal modo que elas se convençam de que essas ideias são as corretas, e saibam quais são as errôneas".*

Como um libertário, tenho um norte claro: essa minha atitude vai gerar mais ou menos liberdade? E, concomitante a isso, mais ou menos responsabilidade? Seguirei então sempre o caminho que gerar mais liberdade e mais responsabilidade. E para que isso ocorra, temos que tirar poder de políticos, já que quanto menos eles planejem, mais as pessoas poderão planejar as próprias vidas.

Para isso temos que diminuir o tamanho do Estado de tal forma que ele fique tão pequeno a ponto de caber numa única sala, que Brasília passe a ser um lugar que possa viver da iniciativa privada e não do dinheiro dos pagadores de impostos. Que o Brasil possa buscar novas soluções e que cada cidade tenha a liberdade e a responsabilidade de se manter.

A minha entrada na política, portanto, foi para retirar poder de políticos, foi para que o Brasil possa ser uma federação efetiva e, como meta, ser uma hiperfederação, permitindo que cada cidade, cada localidade, possa definir a sua própria legislação e para que as pessoas possam votar com os pés com a maior facilidade possível. Estou na política para que as pessoas possam ser donas do seu próprio destino, sem ter um Estado babá para vigiar cada passo delas.

Espero que você, assim como eu, se encante com *O Que Deve Ser Feito*, de Hans-Hermann Hoppe.

Prefácio à 2ª edição brasileira

Anseio que se junte aos libertários por um país mais livre. Desejo que este livro seja o começo de um despertar para entender que a nossa vida não depende do Estado. Almejo que você esteja ao meu lado nessa gigantesca batalha de ideias!

Introdução

Um título ligeiramente mais adequado para esta reflexão seria "Sociedade, Estado e Liberdade: A Estratégia Austro-libertária da Revolução Social"[1]. Então, quero elevar um pouco o tom depois de todo esse debate moderado que você já ouviu. Quero terminar com alguns conselhos estratégicos concretos, mas, para tanto, primeiro tenho de diagnosticar o problema, se não a cura pode ser pior que a doen-

---

[1] Em 1902, Vladimir Lenin (1870-1924) publicou um livro intitulado *Что делать? Наболевшие вопросы нашего движения* [*O Que Deve Ser Feito? As Questões Palpitantes do Nosso Movimento*), que descreve seus planos para implementar o comunismo na Rússia. O mesmo título é aqui utilizado por Hans-Hermann Hoppe para descrever uma estratégia para viabilizar o avanço do libertarianismo na sociedade norte-americana. (N. E.)

ça. E o diagnóstico envolve uma espécie de reconstrução sistemática ou explicação teórica da história humana.

Capítulo 1
Sociedade e Cooperação

Deixe-me começar com umas poucas palavras sobre a sociedade. Por que a sociedade existe? Por que as pessoas cooperam entre si? Por que existe uma cooperação pacífica, e não uma guerra permanente entre a Humanidade? Os austríacos, sobretudo os misesianos, enfatizam o fato de que não precisamos supor algo como a solidariedade ou o amor pelos outros a fim de explicar isso. O autointeresse – isto é, a preferência por mais, não menos – basta para explicar esse fenômeno da cooperação. Os homens cooperam porque são capazes de perceber que a produção de acordo com essa divisão do trabalho é mais eficaz que o isolamento autossuficiente. Imagine o mundo sem a divisão do trabalho e você perceberá no mesmo instante que seríamos desesperadamente pobres e a maior parte da humanidade acabaria morta.

O que deve ser feito

Note uma coisa importante aqui e depois eu voltarei a este assunto. O que essa explicação quer e não quer dizer: ela não quer dizer, claro, que sempre, sem exceção, haverá paz entre os homens. Sempre há ladrões e assassinos ao nosso redor, e toda sociedade tem de lidar com esses elementos. Mas ela quer dizer que o conceito hobbesiano do surgimento da cooperação é fundamentalmente equivocado.

Thomas Hobbes (1588-1679) achava que as pessoas estariam permanentemente em conflito se não houvesse uma espécie de ente independente – o Estado, claro – para promover a paz entre elas. Ora, você percebe imediatamente que é um raciocínio curioso. Supõe-se que as pessoas sejam lobos maus, que podem ser transformadas em ovelhas boazinhas se um terceiro lobo puder controlá-las[2]. Esse ente independente é também um lobo, obviamente; então, mesmo que ele

---

[2] O autor indiretamente se refere à famosa máxima latina *"homo homini lupus"* [o homem é o lobo do homem] popularizada na modernidade pelo filósofo inglês Thomas Hobbes nas obras *De Cive* [*Do Cidadão*], de 1642, e *Leviathan* [*Leviatã*], de 1651, que é um dos princípios fundamentais na filosofia política hobbesiana para justificar a existência do Estado como meio de impedir a guerra de todos contra todos. Em língua portuguesa estas duas obras podem ser encontradas, dentre outras versões, nas respectivas edições: HOBBES, Thomas. *Do Cidadão*. Trad., apres. e notas Renato Janine Ribeiro. São Paulo: Martins Fontes, 1998; HOBBES, Thomas. *Leviatã ou Matéria, Forma e Poder de um Estado Eclesiástico e Civil*. Trad. João Paulo Monteiro e Maria Beatriz Nizza da Silva. São Paulo: Abril Cultural, 1974. (N. E.)

Sociedade e Cooperação

seja capaz de promover a paz entre dois indivíduos, isso, claro, quer dizer que haveria um conflito permanente entre o lobo dominador e os dois lobos que agora estão pacificamente cooperando um com o outro.

O que se traduz em algo de grande importância. Não deve haver Estado, ou melhor, não deve haver um terceiro ente independente a fim de que exista cooperação entre dois indivíduos. Isso é algo que você percebe imediatamente só de olhar, por exemplo, para o cenário internacional. Não existe um governo mundial – ao menos não ainda –, e ainda assim pessoas de países diferentes cooperam pacificamente entre si. Ou melhor, apesar do imenso caos social, a cooperação sempre ressurge.

Isso quer dizer simplesmente que a cooperação pacífica entre os seres humanos é um fenômeno perfeitamente natural e em constante ressurgimento; e a partir dessa cooperação, igualmente natural e motivada pelo autointeresse, surge a formação do capital, a moeda, o meio de troca e a divisão do trabalho, que acaba por se disseminar por todo o mundo e, assim como a moeda, moeda-mercadoria, também se torna a moeda-mercadoria usada em todo o mundo. O padrão de vida material melhora para todos, e, com base nesse padrão de vida melhor, uma superestrutura ainda mais complicada de bens não materiais, isto é, a civilização – ciência, arte, literatura e assim por diante –, pode se desenvolver e ser sustentada.

Capítulo 2
A Proteção e o Estado

Mas algo pode acontecer e obviamente aconteceu para interromper, distorcer e até desorientar esse desenvolvimento normal e motivado pelo autointeresse. Foi, claro, o Estado, que definiremos a princípio abstratamente como o monopólio da proteção territorial compulsoriamente financiado. Isto é, um monopólio da defesa e do fornecimento e aplicação da lei e da ordem.

Ora, como o Estado se origina? Apesar de isso ser em geral, e acho que intencionalmente, confuso, deve ficar claro desde já que lei, ordem, proteção da propriedade, lei estatal, ordem estatal e proteção estatal não são a mesma coisa; não são coisas idênticas. Assim como a propriedade e a cooperação social com base na divisão do trabalho são naturais, também é natural o desejo humano de ter sua propriedade protegida contra desastres naturais e sociais como o crime. E a fim de satisfazer esse desejo, antes de mais nada, existe a autoproteção. A precaução, o seguro (individual ou coletivo), a vigilância, a autodefesa e o castigo.

Deixe-me ser bem claro quanto à eficiência de um sistema de proteção baseado na disposição das pessoas de se defender. Foi assim que a lei e a ordem foram mantidas durante a maior parte da história da Humanidade. Em todas as aldeias, ainda hoje, a lei e a ordem são basicamente mantidas assim. No "selvagem" Velho Oeste norte-americano, que não era tão selvagem assim em comparação com a situação atual, foi dessa forma que a lei e a ordem foram mantidas por pessoas dispostas a se defender.

Além disso, a divisão do trabalho naturalmente afetará a produção da segurança e dos serviços de proteção. Quanto melhores os padrões de vida, mais as pessoas quererão, além de contar com medidas de autodefesa, tirar proveito das vantagens da divisão do trabalho e recorrerão a um protetor especializado, a provedores da lei e da ordem, justiça e segurança. E, naturalmente, todos procurarão por esse grupo específico de pessoas ou instituições que têm algo para proteger – que têm os meios para garantir a proteção efetiva, além da reputação de juízes justos e imparciais. Em todas as sociedades com um grau mínimo de complexidade, rapidamente surgirão indivíduos

A Proteção e o Estado

que, por terem propriedades a serem defendidas, boa reputação e assim por diante, assumirão o papel de juízes, pacificadores e protetores. Novamente, todas as aldeias, até hoje, todas as pequenas comunidades e até o Velho Oeste, claro, exemplificam a verdade dessa conclusão.

A proteção também é possível sem o Estado. Isso deveria ser absolutamente óbvio, mas, em uma era de cegueira e confusão estatista, cada vez mais é necessário enfatizar essa ideia elementar e, como veremos adiante, muito perigosa. A etapa decisiva no desvio da humanidade de seu curso natural – o pecado original da humanidade, por assim dizer – ocorre com a monopolização da proteção, defesa, segurança e ordem: a monopolização dessas funções por um ente único entre os inicialmente vários protetores, excluindo os outros. Um monopólio da proteção existe quando um agente único ou uma só pessoa insiste que todos em determinado território devem se dirigir a ele em busca de justiça e proteção. Isto é, quando não se pode mais contar exclusivamente com a autodefesa ou a união pela proteção de alguém. Assim que se alcança esse monopólio, o financiamento desse protetor já não é mais completamente voluntário; o financiamento se torna, em parte, compulsório.

E, como a economia austríaca tradicional prevê, uma vez eliminada a livre-iniciativa no setor da proteção da propriedade e em qualquer outro setor, o

O que deve ser feito

preço da proteção aumentará e a qualidade da proteção diminuirá. O monopolista protegerá cada vez menos nossa propriedade e se tornará cada vez mais um falso protetor e até mesmo um explorador sistemático dos detentores de propriedade. Ele se transformará em um agressor e destruirá as pessoas e as propriedades que deveria proteger.

O que é facilmente descrito em termos abstratos (monopólio) é, na prática, uma tarefa complexa e demorada. Como alguém consegue impedir a concorrência de todos os demais protetores? E por que as pessoas e sobretudo os outros pacificadores e juízes em potencial permitiriam que isso acontecesse, que um indivíduo monopolizasse esse serviço? A resposta quanto à origem do Estado é muito complicada para ser detalhada, mas sua estrutura geral é facilmente reconhecível.

Primeiro, todo Estado, isto é, todo agente monopolista da proteção, deve ter início, ou melhor, só pode ter origem em um território extremamente reduzido, como uma aldeia. É praticamente inconcebível que um Estado mundial, ou um monopólio da proteção que abrangesse toda a população, surgisse do nada.

A segunda coisa que devemos notar é que nem todos conseguem se transformar em monopolistas da proteção. Ao contrário, os monopolistas locais da proteção são inicialmente membros da elite social

28

natural. Isto é, são inicialmente membros respeitados e bem-sucedidos da sociedade. Eles também são, antes de alcançar a posição de monopolistas, escolhidos como protetores voluntários. Somente como elite reconhecida e estabelecida, cuja autoridade é essencialmente voluntária, é que é possível para eles dar o passo decisivo rumo à monopolização, sem sofrer as consequências disso.

Isso quer dizer que todo governo local ou Estado se origina na forma de um domínio pessoal ou privado ou de um reino. Ninguém confiaria a um zé-ninguém a manutenção da lei, da ordem e da justiça, sobretudo se tal pessoa ou ente tiver o monopólio dessa função específica. Ao contrário, as pessoas buscariam proteção obviamente de alguém conhecido, e conhecido por ser um indivíduo sábio, e somente tal indivíduo, um nobre ou aristocrata, poderia alcançar essa posição monopolista inicial.

Historicamente, por sinal, quando se analisa a história antiga e moderna, os Estados são a princípio basicamente reinos, e somente depois se tornam Estados democráticos. E, apesar de ser verdade que os Estados devem ter origem somente em um território reduzido e geralmente como reinos, ainda foram necessárias centenas de anos até que algo semelhante ao Estado moderno surgisse.

Capítulo 3
A Impossibilidade do Estado Mínimo

Uma vez estabelecido o monopólio da proteção, uma lógica em si passa a agir. Todo monopolista tira proveito de sua posição. O preço da proteção aumentará, e, mais importante, o conteúdo da lei, isto é, a qualidade do produto, será alterado para beneficiar o monopolista à custa dos outros. A justiça será pervertida e o protetor se tornará, cada vez mais, um explorador e expropriador. Sendo mais específico, como resultado do monopólio territorial da proteção, duas tendências emergem. Primeiro, uma tendência à ampliação da exploração, e, depois, uma tendência à intensificação da exploração.

Instituições originalmente locais, os Estados têm a tendência inerente, motivada pelo autointeresse, a querer faturar mais, não menos – a tendência à expansão territorial. Quanto mais pessoas um Estado proteger – ou seja, explorar –, melhor. A concorrência entre os Estados – isto é, entre os monopolistas territoriais – é uma concorrência predatória: o monopólio de explorar as pessoas ou é meu ou é seu.

Além disso, com vários Estados as pessoas podem facilmente se deslocar. Mas a perda da população, para o Estado, é um problema incômodo. Assim, os Estados quase que automaticamente entram em conflito uns com os outros, e uma forma de resolver esse conflito, do ponto de vista estatista, é a expansão territorial: seja por meio da guerra ou do casamento, e às vezes pela compra escancarada. Em última análise, essa tendência só seria contida com a criação de um único Estado mundial.

A segunda tendência é a intensificação da exploração. A ampliação da exploração – do roubo – por parte de um monopólio estatal implica a intensificação, uma vez que, quanto menos Estados concorrentes – isto é, quanto maior o território do Estado –, menores são as oportunidades de deslocamento. Sob esse cenário de um Estado mundial, aonde quer que se vá, os impostos e a estrutura regulatória são os mesmos. Isso significa que, eliminada a ameaça de imigração, a exploração monopolista naturalmente aumentará – o que quer dizer que o preço pela proteção aumentará e a qualidade diminuirá.

Capítulo 4
Monarquia x Democracia

Apesar disso, desde que haja um monopólio da proteção em determinado território, o monopolista tentará intensificar sua exploração e aumentar ao máximo sua renda e riqueza à custa das pessoas protegidas. No caso do monopólio de uma única pessoa, como um príncipe ou rei, e sobretudo quando o monopólio é hereditário, é de seu interesse, porque essa pessoa detém o monopólio e o capital a ele atrelado, preservar o valor de sua propriedade. E essa pessoa explorará um pouco hoje a fim de explorar um pouco mais amanhã.

A resistência popular à expansão do poder estatal será muito intensa se houver uma única pessoa governando, porque obviamente não há como entrar para o aparato do Estado, e os benefícios do monopólio se restringem a um único homem e sua família – isto é, a

O que deve ser feito

nobreza hereditária. Assim, o ressentimento público aumenta e tentativas de se intensificar a exploração se deparam rapidamente com graves limitações. As pessoas odiavam o rei porque perceberam que "ele é o dominador e nós somos dominados por ele".

Previsivelmente, o grande empurrão no desejo do Estado de intensificar a exploração ocorreu em conjunção com a reforma do Estado – elaborada ao longo de séculos –, antes um reino e agora um Estado democrático. Sob a democracia majoritária moderna – isto é, o tipo de Estado que prosperou em escala global depois da Primeira Guerra Mundial –, o monopólio e a exploração não desapareceram. A democracia majoritária não é um sistema de autocontrole e autodefesa. O Estado e o povo são uma única e mesma coisa. Com a substituição do príncipe ou rei não eleitos por um parlamento e presidente eleitos, a proteção continua sendo o mesmo monopólio que sempre foi. O que acontece é simplesmente isto: o monopólio da proteção territorial agora é propriedade pública, e não mais propriedade privada. Em vez de um príncipe que considera esse monopólio propriedade sua, um administrador temporário e intercambiável é colocado no comando da falsa proteção. O administrador não detém a falsa proteção. Ao contrário, a ele só é permitido usar os recursos disponíveis em benefício próprio. Ele detém o usufru-

Monarquia x Democracia

to, mas não o capital. Isso não elimina a tendência, motivada pelo autointeresse, ao aumento da exploração. Ao contrário, só torna a exploração algo menos racional e mais calculado, e também mais míope e mais devastador.

Além disso, como a entrada em um governo democrático é livre – todos podem se tornar presidentes –, a resistência contra as invasões a propriedades promovidas pelo Estado é reduzida. Isso leva ao mesmo resultado: sob condições democráticas, cada vez mais os piores chegarão aos altos escalões do Estado, em uma livre concorrência. A concorrência não é sempre boa. A concorrência que agride a propriedade privada não é algo a ser celebrado. E a democracia é justamente isso.

Príncipes e reis eram governantes diletantes que normalmente tinham uma criação de elite e um sistema de valores de modo a geralmente agir apenas como um bom pai chefe de família agiria. Políticos democratas, por outro lado, são e devem ser demagogos profissionais, ostensivamente apelando para o nivelamento por baixo – o que é tipicamente o instinto igualitário –, já que procuram garantir os votos de todos, e, como políticos eleitos nunca são considerados pessoalmente responsáveis pelo trabalho no serviço público, são muito mais perigosos, do ponto de vista daqueles que querem que suas propriedades

O que deve ser feito

sejam protegidas e querem segurança, do que qualquer rei jamais foi[3].

Se você combinar essas duas tendências que mencionei e que são inerentes ao Estado – a intensificação, isto é, a exploração da população interna, e a ampliação –, terá uma única democracia mundial, com uma moeda global, emitida por um único banco central mundial.

---

[3] O autor discute de modo aprofundado os problemas das modernas democracias liberais na seguinte obra: HOPPE, Hans-Hermann. *Democracia, o deus que falhou: A Economia e a Política da Monarquia, da Democracia e da Ordem Natural*. Trad. Marcelo Werlang de Assis. São Paulo: Instituto Ludwig von Mises Brasil, 2014. Para uma versão atualizada e resumida dos argumentos hoppeanos sobre a democracia, ver o seu ensaio "From Aristocracy to Monarchy to Democracy" [Da Aristocracia à Monarquia e à Democracia], republicado como terceiro capítulo da seguinte obra: HOPPE, Hans-Hermann. *Uma Breve História do Homem: Progresso e Declínio*. Pref. Llewellyn H. Rockwell, Jr,; trad. Paulo Polzonoff. São Paulo: LVM Editora, 2018. (N. E.)

Capítulo 5
Condições Atuais

Por enquanto, permita-me apenas refletir. Aqui estamos nós, no fim do século XX, mais próximos do que nunca do objetivo final de um Estado mundial, ao menos mais próximos do que jamais estivemos na história. Os Estados Unidos são a única superpotência e o maior policial do mundo. Ao mesmo tempo, a democracia se tornou algo quase universal, e a principal potência mundial, os Estados Unidos, é a principal defensora da democracia.

Alguns neoconservadores como Francis Fukuyama disseram que este deve ser o fim da história[4]. Uma

---

[4] De acordo com a noção hegeliana apresentada, em 1992, pelo filósofo e economista neoconservador Francis Fukuyama, no livro *The End of History and the Last Man* [*O Fim da História e o Último Homem*], o modelo de democracia liberal vigente na maioria dos países ocidentais seria o ponto final da evolução sociocultural

O que deve ser feito

democracia mundial, quase chegamos a isso. Agora, do ponto de vista austro-libertário, as coisas parecem um pouco diferentes. Sob uma democracia extremamente centralizada, ou melhor, me permita chamar isso de governo centralizado da multidão, a segurança da propriedade privada praticamente desapareceu. O preço da proteção é altíssimo e a qualidade da justiça prestada diminui constantemente. Ela tem se deteriorado a tal ponto que a ideia das leis imutáveis, da lei natural, quase desapareceu da consciência pública. A lei nada mais é do que a lei estatal – a lei positiva. A lei e a justiça são tudo o que o Estado diz que é. Ainda há propriedades privadas no nome, mas na prática os detentores das propriedades privadas foram quase que totalmente expropriados. Em vez de proteger os indivíduos de invasores e de violações pessoais e contra a propriedade privada, o Estado tem cada vez mais desarmado seu próprio povo e tirado dele seu direito mais elementar à autodefesa.

Além disso, os detentores da propriedade privada não são mais livres para incluir ou excluir pessoas de suas propriedades como quiserem. O direito de

---

humana e o tipo final de governo humano a ser implementado em todos os países do mundo, após o colapso do regime comunista soviético. A obra foi publicada em língua portuguesa na seguinte edição: FUKUYAMA, Francis. *O Fim da História e o Último Homem*. Trad. Aulydes Soares Rodrigues. Rio de Janeiro, Rocco, 1992. (N. E.)

Condições Atuais

incluir e excluir quem se quer é um ingrediente fundamental da propriedade privada. E isso acarreta um mecanismo de autodefesa; poder expulsar alguém de sua propriedade é um método antiviolação. Mas esse direito de expulsar alguém da sua propriedade, sobretudo em propriedades comerciais, foi completamente tirado de você. E, sem esse direito – e hoje em dia ninguém pode contratar ou demitir, comprar ou vender, aceitar ou expulsar alguém da sua propriedade como bem entender –, sem nada disso, perdeu-se o outro método de se defender contra a usurpação.

O Estado, que deveria nos proteger, na verdade nos deixou completamente impotentes. Ele tira das pessoas mais da metade de sua renda para ser distribuída de acordo com o sentimento público, e não de acordo com os princípios da justiça. Ele submete nossa propriedade a milhares de regulamentações arbitrárias e invasivas. Não podemos mais contratar e demitir livremente as pessoas por qualquer motivo que consideremos bons e necessários. Não podemos comprar e vender o que bem entendermos e onde bem entendermos. Não podemos cobrar o preço que desejamos, não podemos nos associar ou dissociar, nos separar de quem quer que seja.

Em vez de nos proteger, portanto, o Estado nos entregou e entregou nossa propriedade à multidão e seus instintos coletivos. Em vez de nos salvaguardar, ele nos empobrece, ele destrói nossas famílias, as

O que deve ser feito

organizações locais, as fundações privadas, clubes e associações, atraindo-os todos, cada vez mais, para sua órbita. Como resultado de tudo isso, o Estado perverteu o sentido público de justiça e de responsabilidade pessoal, dando origem e atraindo uma quantidade cada vez maior de monstros e monstruosidades morais e econômicas.

Capítulo 6
Estratégia: Detendo a Doença Estatista

Como o Estado e a doença estatista podem ser contidos? Agora falarei das minhas estratégias. Antes de mais nada, três ideias ou princípios fundamentais devem ser mencionados. Primeiro, a proteção da propriedade privada e da lei, da justiça e da aplicação da lei são essenciais em qualquer sociedade. Mas não há nenhum motivo para que um único agente monopolista seja responsável por essa função. Na verdade, assim que você tem um agente monopolista responsável por isso, ele necessariamente destrói a justiça e nos torna indefesos contra invasores e agressores domésticos e estrangeiros.

Portanto, o objetivo que se deve ter em mente é a desmonopolização da proteção e da justiça. A proteção, segurança, defesa, lei, ordem e arbitragem em conflitos podem e devem ser produzidas em um siste-

O que deve ser feito

ma concorrente – isto é, a entrada no setor da justiça deve ser livre.

Depois, como o monopólio da proteção é a raiz de todo o mal, qualquer expansão territorial de tal monopólio é o mal em si também. Toda centralização política deve ser, por princípio, rejeitada. Por outro lado, toda tentativa de descentralização – segregação, separação, secessão e assim por diante – deve ser apoiada.

A terceira ideia básica é a de que um monopólio democrático da proteção deve ser rejeitado como uma perversidade moral e econômica. O governo da maioria e a proteção da propriedade privada são incompatíveis. A ideia da democracia deve ser ridicularizada: ela nada mais é que uma multidão ensandecida posando como justiça. Ser considerado um democrata deve ser visto como o pior de todos os elogios! Isso não quer dizer que não se deva participar da política democrática; falarei disso daqui a pouco.

Mas se deve usar os meios democráticos apenas como uma forma de defesa. Isto é, deve-se usar uma plataforma antidemocrática para ser eleito por um eleitorado antidemocrata a fim de implementar políticas antidemocráticas – isto é, anti-igualitárias e em favor da propriedade privada. Em outras palavras, uma pessoa não é desonesta só porque foi democraticamente eleita. Isso a torna no máximo alguém suspeito. Apesar de ter sido eleita democraticamente, essa pessoa ainda pode ser um homem decente e honrado; já tivemos alguém assim.

A partir desses princípios, chegamos agora ao problema da aplicação. As ideias básicas – isto é, a de que a proteção monopolizada, o Estado, inevitavelmente se tornará agressor e gerará uma sensação de insegurança; e a de que a centralização política e a democracia são meios de ampliar e intensificar a exploração e a agressão –, apesar de nos darem uma direção geral rumo ao objetivo, obviamente não são suficientes para definir nossas ações e nos dizer como chegar lá.

Como o objetivo da proteção e justiça desmonopolizadas pode ser implementado, levando em conta que as circunstâncias atuais da democracia centralizada – e quase mundial – são, ao menos temporariamente, a situação a partir de onde temos de começar a agir? Deixe-me tentar elaborar uma resposta para essa pergunta descrevendo primeiro como o problema, e também a solução para ele, mudou ao longo dos últimos cento e cinquenta anos – isto é, desde meados do século XIX.

Capítulo 7
Reforma de Cima para Baixo: Convertendo o Rei

O problema, até 1914, era comparativamente pequeno, e a solução possível era comparativamente mais fácil; hoje, como veremos, as coisas são mais difíceis e a solução é muito mais complicada. Em meados do século XIX, na Europa, assim como nos Estados Unidos, não só o grau de centralização política era muito menor do que hoje como também a Guerra da Secessão não havia eclodido, e Alemanha e Itália não existiam como Estados unificados.

Em particular, a era da democracia de massa praticamente começou nessa época. Na Europa, depois da derrota de Napoleão Bonaparte (1769-1821), em 1815, os países ainda eram governados por reis e príncipes e as eleições para os parlamentos desempenhavam um papel modesto, além de se restringir a um número bastante reduzido de grandes detentores

O que deve ser feito

de propriedades. Da mesma forma, nos Estados Unidos, o governo era conduzido por uma pequena elite aristocrata e o voto era restrito por várias exigências relacionadas à propriedade. Afinal, somente aqueles que tinham algo a ser protegido poderiam controlar as agências responsáveis pela proteção.

Há cento e cinquenta ou cem anos, somente a seguinte coisa era essencialmente necessária para resolver o problema. Teria sido necessário apenas obrigar o rei a declarar isto daqui por diante: todo cidadão seria livre para escolher seu próprio protetor e para declarar aliança com qualquer governo que queira. Isto é, o reino não mais se consideraria o protetor de ninguém a não ser que a pessoa lhe pedisse e dissesse que o rei lhe ofereceu tal serviço.

O que teria acontecido nesse caso? O que teria acontecido, digamos, se o imperador austríaco tivesse feito tal declaração em 1900? Deixe-me tentar imaginar o que teria acontecido nessa situação.

Primeiro, todos, diante dessa declaração, teriam recuperado seu direito irrestrito à autodefesa e estariam livres para decidir se queriam mais proteção ou uma proteção maior do que a proporcionada pela autodefesa e, neste caso, de quem e onde viria essa proteção. A maioria das pessoas nessa situação sem dúvida teria escolhido tirar proveito da divisão do trabalho e contar com a autodefesa e também com protetores especializados.

Depois, em busca de protetores, quase todos procurariam pessoas ou entes que detivessem ou fossem capazes de adquirir meios de garantir a proteção – isto é, que tivessem interesse em proteger o próprio território por serem proprietários – e que gozassem de uma reputação estabelecida como pessoas confiáveis, prudentes, honráveis e justas.

É seguro dizer que ninguém jamais consideraria um parlamento eleito um ente capaz de cumprir essa função. Ao contrário, quase todos teriam procurado ajuda em um ou mais destes lugares: ou o rei, que não é mais monopolista; um nobre, magnata ou aristocrata regional ou local; ou uma empresa de segurança regional, nacional e até internacional.

Claro que o rei preencheria esses requisitos que acabei de mencionar, e muitas pessoas o teriam voluntariamente escolhido como seu protetor. Ao mesmo tempo, contudo, muitas pessoas teriam se afastado do rei; destas, boa parte teria provavelmente recorrido aos vários magnatas e nobres locais, que são hoje uma nobreza natural, não hereditária. E, em uma escala territorial menor, esses nobres locais seriam capazes de oferecer as mesmas vantagens, enquanto protetores, que o rei. A mudança para os protetores regionais geraria uma importante descentralização na organização e estrutura do setor de segurança. E essa descentralização refletiria e estaria de acordo com os interesses privados e subjetivos

O que deve ser feito

de proteção – isto é, a tendência centralizadora que mencionei antes também levou a uma centralização exagerada do negócio da proteção.

Por fim, quase todos, sobretudo nas cidades, teriam recorrido a empresas comerciais de seguro em busca de proteção. As seguradoras e as empresas de proteção privada são, obviamente, coisas bastante próximas. Uma proteção melhor leva a seguros mais baratos. Assim que as seguradoras entrassem no mercado de proteção, rapidamente os contratos de seguro, em vez de serem promessas genéricas, assumiriam a forma padrão de ofertas reais de proteção.

Além disso, pelo próprio caráter dos seguros, a concorrência e a cooperação entre os vários entes protetores promoveriam o desenvolvimento de regras universais de investigação, solução de conflitos e arbitragem. Isso também promoveria a homogeneização e a desomogeneização simultâneas da população em várias classes de indivíduos, com diferentes riscos quanto à proteção de suas propriedades e, por consequência, diferentes prêmios de seguro. Toda redistribuição sistemática e previsível de renda e riqueza entre grupos diferentes dentro da população, como existia sob as condições monopolistas, seria imediatamente eliminada. E isso, claro, geraria paz.

Mais importante, a natureza da proteção e defesa seria profundamente alterada. Sob condições monopolistas, só há um protetor; se ele é monárquico ou democrático não faz diferença, já que um governo é invariavelmente concebido como algo que defende e protege determinado território. Mas essa característica é resultado de um monopólio compulsório da proteção. Com o fim de um monopólio, essa característica imediatamente desapareceria como algo extremamente não natural ou até artificial. Talvez houvesse uns poucos protetores locais que defenderiam apenas um território contíguo. Mas também haveria outros protetores, como o rei e as seguradoras, cuja proteção territorial consistiria em porções espalhadas de territórios não contíguos. E as "fronteiras" de todos os governos estariam em alteração constante. Sobretudo nas cidades, não seria incomum que dois vizinhos tivessem entes protetores diferentes, assim como não seria incomum que fossem clientes de seguradoras diferentes.

Essa estrutura retalhada de proteção e defesa melhora a proteção. A defesa monopolista e contínua supõe que os interesses em segurança de toda a população que vive em determinado território são de alguma forma homogêneos. Ou seja, todas as pessoas de determinado território têm os mesmos tipos de interesses em defesa. Mas isso é algo extremamente irrealista e, na verdade, uma suposição mentirosa. Na verdade, as necessidades de segurança das pessoas são extremamente heterogêneas. As pessoas podem simplesmente ter propriedades em um lugar ou em vários lugares territorialmente espalhados, ou podem ser em grande medida autossuficientes ou dependentes de poucas pessoas em seus negócios; ou, por outro lado, elas podem estar profundamente integradas ao mercado e depender economicamente de milhares de pessoas dispersas por grandes territórios.

A estrutura retalhada do setor de segurança refletiria apenas essa realidade das necessidades extremamente diversas de segurança para várias pessoas. Assim, essa estrutura por sua vez estimularia o desenvolvimento de um arsenal protetivo correspondente. Em vez de produzir e desenvolver armas e instrumentos de larga escala, os instrumentos seriam desenvolvidos para a proteção de territórios em pequena escala, sem dano colateral.

Além disso, como toda redistribuição inter-regional de renda e riqueza seria eliminada em um sistema concorrente, a estrutura retalhada também proporcionaria a melhor garantia da paz interterritorial. A probabilidade e o grau do conflito interterritorial seriam reduzidos se houvesse territórios dispersos. E como todo invasor estrangeiro, por assim dizer, quase que instantaneamente, mesmo que invadisse um território bem reduzido, se depararia com a oposição e o contra-ataque militar e econômico de várias agências de proteção independentes, o perigo de invasões estrangeiras seria reduzido.

Indiretamente, já está claro, ao menos parcialmente, como e por que se tornou cada vez mais difícil

Reforma de Cima para Baixo: Convertendo o Rei

alcançar essa solução ao longo dos últimos cento e cinquenta anos. Deixe-me falar de algumas das mudanças fundamentais que ocorreram e que ampliaram ainda mais todos esses problemas. Primeiro, não é mais possível promover reformas de cima para baixo. Os liberais clássicos, durante a monarquia, podiam pensar e de fato frequentemente pensavam e podiam realisticamente acreditar em simplesmente convencer o rei de certas ideias e pedir que ele abdicasse do poder, e tudo o mais quase que automaticamente se resolveria.

Hoje o monopólio de proteção do Estado é considerado propriedade pública, não privada, e o governo não é mais associado a um indivíduo específico, e sim a funções específicas, exercidas por indivíduos anônimos como membros de um governo democrático. Portanto, a estratégia do diálogo entre uns poucos homens não mais funciona. Não importa se se consegue convencer umas poucas altas autoridades governamentais – porque, de acordo com as regras do governo democrático, nenhum indivíduo tem o poder pessoal de abdicar do monopólio governamental da proteção. Os reis detinham esse poder; os presidentes não.

O presidente só pode renunciar ao cargo, que será ocupado por outra pessoa. Ele não pode dissolver o monopólio de proteção do governo, porque supostamente o povo é o dono do governo, não o presidente.

O que deve ser feito

Sob o governo democrático, pois, a abolição do monopólio governamental da justiça e proteção requer ou que a maioria do público e de seus representantes eleitos fossem obrigados a declarar o fim do monopólio da proteção do governo e de seus impostos compulsórios ou, de forma ainda mais restrita, que literalmente ninguém votasse e que a abstenção fosse total. Somente neste caso seria possível dizer que o monopólio da proteção democrática teria sido de fato abolida. Mas isso em essência significaria que é impossível nos livrarmos de uma perversão moral e econômica. Como hoje em dia é um dado certo que todos, incluindo o populacho, participam da política e é inconcebível que o populacho, em sua maioria e até mesmo em sua totalidade, renuncie ou se abstenha do direito ao voto, que nada mais é do que exercitar a oportunidade de saquear a propriedade alheia.

Mais do que isso, mesmo que se suponha, contra todas as probabilidades, que isso possa ser alcançado, os problemas não terminam aí. Como outra verdade sociológica fundamental na era da democracia moderna igualitária de massa é a destruição quase completa das elites naturais. O rei poderia abdicar de seu monopólio, mas as necessidades de segurança do povo ainda teriam de ser satisfeitas, porque ainda existiriam para o rei em si e também para os nobres e as personalidades empreendedoras regionais e lo-

Reforma de Cima para Baixo: Convertendo o Rei

cais, uma elite claramente visível e voluntária, naturalmente estabelecida e reconhecida, e uma estrutura multifacetada de hierarquias à qual as pessoas recorreriam em seu desejo de serem protegidas.

Capítulo 8
O Desaparecimento das Elites Naturais

Hoje em dia, depois de mais de um século de democracia de massa, não existem mais elites naturais e hierarquias sociais às quais recorrer imediatamente em busca de proteção. As elites naturais e as ordens sociais hierárquicas, isto é, pessoas e instituições que imponham autoridade e respeito independentemente do Estado, são ainda mais intoleráveis e inaceitáveis para um democrata, e mais incompatíveis com o espírito igualitário democrático, do que eram consideradas ameaça a um rei ou príncipe. Por isso, segundo as regras do jogo, todas as autoridades e instituições independentes foram sistematicamente eliminadas ou perderam poder por meio de importantes medidas econômicas. Hoje em dia, nenhuma pessoa ou instituição de fora do governo tem autoridade genuinamente nacional ou até mesmo regional. Em vez de

O que deve ser feito

um povo de autoridade independente, hoje somos apenas um monte de indivíduos com alguma relevância: estrelas do cinema, dos esportes e do mundo *pop* e, claro, políticos. Mas essas pessoas, apesar de capazes de criar tendências e moda, não têm algo como autoridade social pessoal natural.

Isso serve sobretudo para os políticos: eles talvez sejam as grandes estrelas hoje em dia, todos os dias estão na TV e são assunto do debate público, mas isso se deve quase que completamente ao fato de que fazem parte do aparato estatal atual, com seus poderes monopolistas. Uma vez que o monopólio se dissolvesse, essas "estrelas" da política seriam irrelevantes, porque na vida real esses indivíduos são quase um nada, um zero, uns tolos. E somente a democracia permite que eles assumam esses altos postos. Deixados por si, restritos a suas realizações pessoais, eles são, quase sem exceção, completos ninguéns. Sendo mais claro, uma vez que o governo democrático – o Congresso – declarasse que, daqui por diante, todos seriam livres para escolher seu próprio juiz e protetor, de modo que as pessoas pudessem, mas não mais tivessem de escolher o governo como protetor, quem em sã consciência o escolheria?! Isto é, os atuais membros do Congresso e do governo federal: quem os escolheria voluntariamente como seus juízes e protetores?! Levantar essa questão é respondê-la. Reis e príncipes detêm autoridade real; havia coerção envolvida, sem dúvida, mas eles tinham muito apoio voluntário.

O Desaparecimento das Elites Naturais

Por outro lado, os políticos democráticos são geralmente apenas tolerados, até mesmo por seus eleitores do populacho. Não há mais ninguém a quem eles possam recorrer por proteção. Os políticos regionais e locais estão basicamente impondo o mesmo tipo de problema, e, com a abolição de seus poderes monopolistas, eles obviamente não propõem uma alternativa atraente a esse problema. Tampouco há grandes empresários nos bastidores, e sobretudo empresas de seguro, que tenham se tornado grandes criaturas do Estado democrático igualitário e, assim, parecem pouco dignos de confiança, assim como qualquer um que assuma essa função particularmente importante de dar proteção e justiça.

Assim, se alguém hoje fizesse o que o rei poderia ter feito há cem anos, haveria o perigo claro de termos de sobrevir o caos social, ou a "anarquia", no mau sentido. As pessoas realmente, e ao menos temporariamente, ficariam vulneráveis e extremamente indefesas. A pergunta a fazer, pois, é esta: há uma saída? Deixe-me resumir a resposta antecipadamente: sim, mas, em vez de uma reforma de cima para baixo, a estratégia deve ser a da revolução de baixo para cima. Em vez de uma batalha num único *front*, uma revolução liberal-libertária hoje terá de envolver muitas batalhas em muitos *fronts*. Isto é, queremos uma tática de guerrilha, não uma guerra tradicional.

Capítulo 9
O Papel dos Intelectuais

Antes de explicar a resposta como mais um passo em direção a esse objetivo, um segundo fato sociológico deve ser reconhecido: a mudança do papel dos intelectuais, da educação e da ideologia. Assim que o ente protetor se transformou em um monopolista territorial – em um Estado –, deixou de ser um protetor genuíno e se tornou um chantagista, um Estado que precisa de legitimidade, de justificativa intelectual para o que faz. Quanto mais o Estado deixa de ser um protetor para se tornar um chantagista – isto é, com cada vez mais impostos e regulamentações –, maior essa necessidade de legitimação.

A fim de garantir o raciocínio estatista correto, um monopolista da proteção empregará sua proteção privilegiada de chantagista para estabelecer rapidamente um monopólio educacional. Até mesmo

O que deve ser feito

no século XIX, sob condições monárquicas decisivamente não democráticas, ao menos no nível da educação fundamental e universitária, a educação foi, em grande medida, monopolisticamente organizada e compulsoriamente financiada. E foram sobretudo os professores dos governos reais, isto é, as pessoas empregadas como guarda-costas intelectuais dos reis e príncipes, que minaram ideologicamente os privilégios dos reis e príncipes, promovendo ideias igualitárias, sobretudo na forma da democracia e do socialismo.

Isso se deu por um bom motivo, do ponto de vista dos intelectuais. Porque a democracia e o socialismo realmente multiplicam a quantidade de educadores e intelectuais, e essa ampliação do sistema público de educação, por sua vez, leva a uma torrente ainda maior de desperdício e poluição intelectual. O preço da educação, o preço da proteção e da justiça, tem subido drasticamente sob a administração monopolista, enquanto a qualidade da educação, assim como a qualidade da justiça, só tem diminuído. Hoje estamos desprotegidos e assim como não estamos sendo educados.

Sem a existência contínua do sistema democrático e da educação e pesquisa públicas, contudo, a maioria dos professores e intelectuais atuais não teria emprego ou veria sua renda cair para uma fração do que é hoje. Em vez de pesquisarem a sintaxe do dia-

O Papel dos Intelectuais

leto dos negros, a vida amorosa dos mosquitos ou a relação entre a pobreza e o crime em troca de 100 mil dólares por ano, eles teriam de pesquisar a ciência do cultivo de batatas ou a tecnologia da extração de gás por 20 mil.

O sistema monopolizado da educação é hoje um problema tão grande quanto o sistema monopolizado de proteção e justiça. Na verdade, a educação e a pesquisa governamentais são um instrumento fundamental pelo qual o Estado se protege da resistência pública. Hoje, os intelectuais são tão ou mais importantes para a preservação do *status quo*, do ponto de vista do governo, do que juízes, policiais e soldados.

Assim como não é possível transformar o sistema democrático de cima para baixo, tampouco é possível esperar que essa transformação aconteça de cima para baixo com um sistema público de educação e universidades públicas. Esse sistema não pode ser reformado. É impossível para os liberais-libertários se infiltrarem e tomarem conta do sistema público de educação da mesma forma que os democratas e socialistas fizeram ao substituir os monarquistas.

Para o liberalismo clássico, todo o sistema educacional financiado pelo povo e seus impostos deveria ser eliminado. E, com essa convicção, é obviamente impossível que alguém faça carreira nessas condições. Jamais conseguirei me tornar reitor da universidade. Minhas ideias me impedem de fazer carreira assim.

O que deve ser feito

Isso não quer dizer que a educação e os intelectuais não exerçam uma função no que diz respeito a provocar a revolução libertária. Ao contrário, como já expliquei, tudo depende, em última análise, de saber se vamos ou não ser bem-sucedidos em deslegitimar e expor como uma perversidade moral e econômica a democracia e o monopólio democrático da justiça e proteção.

Isso, claro, não é nada além de uma batalha ideológica. Mas seria um equívoco supor que a Academia oficial ajudaria nessa empreitada. Pagos pelo governo, educadores e intelectuais tendem a ser estatistas. A munição intelectual e a direção e coordenação ideológicas só podem vir de fora da Academia, de centros de resistência intelectual – de uma contracultura intelectual externa e independente, fundamentalmente contrária ao monopólio governamental da proteção e também da educação, como o Mises Institute.

Capítulo 10
Uma Revolução de Baixo para Cima

Finalmente chegamos à explicação detalhada do significado da estratégia revolucionária de baixo para cima. Para tanto, deixe-me recorrer a minhas afirmações anteriores sobre o uso defensivo da democracia, isto é, como usar os meios democráticos para fins não democráticos, libertários e pró-propriedade privada. Duas ideias já foram mencionadas aqui.

Primeiro, diante da impossibilidade de uma estratégia de cima para baixo, a consequência é que ninguém deveria gastar energia, tempo e dinheiro em disputas políticas nacionais como as eleições presidenciais. Tampouco se deveria gastar energia, tempo e dinheiro em disputas para o governo central, sobretudo – menos esforço para as eleições para o Senado do que para a Câmara dos Deputados, por exemplo.

Depois, diante da ideia sobre o papel dos intelectuais na preservação do sistema atual, da chantagem atual, a consequência é que ninguém deveria gastar energia, tempo ou dinheiro tentando reformar o sistema de educação e a Academia por dentro. Ao criar cadeiras privadas e permitir a livre-iniciativa dentro do sistema universitário estabelecido, por exemplo, só se está ajudando a emprestar legitimidade à ideia à qual se pretende se opor.

A educação oficial e as instituições de pesquisa devem ser sistematicamente privadas de financiamento. Para tanto, todo o apoio ao trabalho intelectual como função essencial ao objetivo que temos diante de nós deveria, claro, ser dado a instituições e centros de ensino determinados a fazer justamente isso.

Os motivos para os dois conselhos são óbvios: nem a população como um todo nem educadores e intelectuais específicos são, quanto à ideologia, totalmente homogêneos. Mesmo que seja impossível conquistar a maioria para uma plataforma claramente antidemocrática em escala nacional, parece não ser muito difícil conquistar essa maioria em pequenos distritos em número suficiente e, assim, angariar postos para cargos locais ou regionais dentro da estrutural governamental democrática. Na verdade, parece não haver nada de fantasioso em supor que tais maiorias existam em milhares de lugares. Isto é, lugares dispersos pelo país, mas não uniformemente distribuídos. Da mesma forma, apesar de a classe intelectual dever ser em grande medida considerada inimiga natural da justiça e da proteção, há, em vários lugares isolados, intelectuais anti-intelectuais, e, como prova o Mises Institute, é bem possível reunir esses nomes isolados em um centro intelectual e lhes dar união e força, além de uma plateia nacional e até internacional.

O que devemos fazer? Tudo o mais deve ter relação com o objetivo final, que deve estar sempre em mente, em todas as atividades: a restauração, de baixo para cima, da propriedade privada e do direito à proteção da propriedade, o direito à autodefesa, de excluir ou incluir, e à liberdade de contrato. E a resposta pode ser dividida em duas partes.

Primeiro, o que fazer com esses distritos reduzidos onde um candidato pró-propriedade privada e uma personalidade antimajoritária podem vencer? Depois, como lidar com os níveis mais altos do governo, sobretudo com o governo federal? Primeiro, como etapa inicial, e estou falando agora do que deve ser feito em nível local, a plataforma central deveria ser tentar restringir o direito ao voto em impostos locais, sobretudo impostos e regulamentações sobre a propriedade e os proprietários de imóveis. Somente os proprietários de imóveis deveriam poder votar, seu voto não deveria ser igualitário, mas proporcional ao valor da propriedade e à quantidade de im-

O que deve ser feito

postos paga. Algo semelhante ao que Lew Rockwell já explicou que acontece em determinados lugares da Califórnia.

Depois, todos os funcionários públicos – professores, juízes, policiais – e todos os que recebem ajuda assistencialista deveriam ser impedidos de votar em questões de impostos e regulamentações. Essas pessoas são pagas com o dinheiro de impostos e não deveriam dizer como esses impostos são aplicados. Com essa plataforma, claro que não é possível vencer em todos os lugares; não se pode vencer em Washington, D.C. com uma plataforma dessas, mas ouso dizer que em muitas localidades isso pode ser feito com facilidade. Os lugares têm de ser pequenos o bastante e contar com uma boa quantidade de gente decente.

Consequentemente, os impostos e taxas locais, assim como o imposto de renda local, inevitavelmente diminuirão. O valor das propriedades e a renda aumentarão, enquanto o número de funcionários públicos e seus salários diminuirão. Agora, e essa é a etapa mais decisiva, o seguinte deve ser feito – e sempre tenha em mente que estou falando de distritos e cidades territorialmente bem pequenos.

Nesta crise de financiamento do governo que tem início depois que o direito ao voto foi tirado do povo, como uma forma de sair da crise, todos os bens do governo devem ser privatizados. Um inventário de todos os prédios públicos, e no nível local não é mui-

Uma Revolução de Baixo para Cima

ta coisa – escolas, corpo de bombeiros, delegacias, tribunais, estradas e assim por diante –, em seguida frações dos títulos de propriedade ou ações deveriam ser distribuídos aos proprietários locais de acordo com o período de vida total como contribuintes – de impostos sobre a propriedade. Afinal, tudo é deles, porque eles pagaram por essas coisas.

Essas ações deveriam ser comercializáveis, vendidas e compradas, e com isso o governo local deveria, em essência, ser abolido. Se não fosse pela existência contínua de níveis mais elevados de governo, essa vila ou cidade agora seria um território livre ou liberado. O que, consequentemente, aconteceria com a educação, e, mais importante, o que aconteceria com proteção da propriedade e com a justiça?

Em termos de governo local, podemos estar certos, e mais do que poderíamos há cem anos sobre o que aconteceria se o rei abdicasse, que o que aconteceria seria aproximadamente isto: todos os recursos materiais antes dedicados a essas tarefas – escolas, delegacias, tribunais – ainda existiriam, assim como o material humano. A única diferença é que agora eles seriam propriedade privada e estariam temporariamente desempregados, no caso dos funcionários públicos. Sob a suposição realista de que há uma contínua demanda por educação, proteção e justiça, as escolas, delegacias e tribunais ainda seriam usados para os mesmos fins. E muitos ex-professores, ex-po-

O que deve ser feito

liciais e ex-juízes seriam recontratados ou recupera-
riam o antigo cargo por si mesmos, como indivíduos
autoempregados, e essas instituições seriam adminis-
tradas pelos "magnatas" ou elites locais que seriam
donas dessas coisas, todos pessoas conhecidas. Seja
como empreendimentos lucrativos ou, como parece
mais provável, uma mistura qualquer de empresa e
instituição de caridade. Os "magnatas" locais geralmente oferecem bens públicos comprados com seu
próprio dinheiro, e obviamente têm interesse na preservação da justiça e da paz locais.

É fácil entender como isso se daria no caso das
escolas e policiais, mas e quanto aos juízes e à justiça? Lembre-se de que a raiz de todo o mal é a monopolização compulsória da justiça, em que apenas
uma pessoa diz o que é certo. Assim, os juízes devem
ser financiados livremente, e o livre acesso aos cargos da magistratura deveria ser garantido. Juízes não
são eleitos pelo voto, e sim escolhidos sob demanda
por aqueles que buscam a justiça. Também não se
esqueça de que, no nível local, estamos falando de
demanda por um ou pouquíssimos juízes. Seja esse
ou esses juízes empregados por uma associação privada ou por uma empresa de capital aberto ou sejam eles indivíduos autoempregados que alugam as
instalações e salas, deve ficar claro que somente um
punhado de pessoas locais, e somente pessoas conhecidas e respeitadas – isto é, membros da elite natural

local –, teriam alguma chance de serem escolhidos como juízes.

Apenas como membros da elite natural é que a decisão deles tem alguma autoridade e se torna aplicável. Se eles fizerem julgamentos considerados ridículos, serão imediatamente substituídos por outras autoridades locais que sejam mais respeitáveis. Se você seguir essas orientações no nível local, claro, talvez não seja possível evitar que alguém entre em conflito direto com os níveis superiores, sobretudo o nível federal, o do governo. Como lidar com esse problema? Os *federais* não acabariam simplesmente com essa tentativa?

Eles certamente o fariam, mas se são ou não capazes de tal feito é uma pergunta completamente diferente, e, para reconhecer isso, é necessário tão somente reconhecer que os membros do aparato governamental sempre representam, mesmo sob condições democráticas, uma porção reduzidíssima da população total. E menor ainda é a porção de funcionários do governo central.

Isso significa que um governo central não pode impor sua vontade legislativa, ou sua lei pervertida, sobre toda a população a não ser que encontre amplo apoio e cooperação local. Isso se torna especialmente óbvio quando se imagina várias cidades e vilas livres como descrevi. É praticamente impossível, em termos de força humana e também sob a perspectiva

O que deve ser feito

das relações públicas, tomar o controle de milhares de localidades territorialmente dispersas e impor a lei federal diretamente sobre elas.

Sem a aplicação da lei federal por obedientes autoridades locais, a vontade do governo central não passa de um blefe. Mas é justamente esse apoio e cooperação locais que precisam ser eliminados. Sendo mais claro, enquanto o número de comunidades liberadas for reduzido, as coisas parecerão um tanto quanto perigosas. Mas mesmo nessa fase inicial da luta pela liberação é possível se manter confiante.

Talvez seja prudente, nesta fase, evitar o confronto direto com o governo central e não questionar abertamente sua autoridade ou renunciar completamente ao reino. Ao contrário, é aconselhável empregar uma política de resistência passiva e não cooperação. Simplesmente se deixa de ajudar na aplicação de todas as leis federais. Alguém há de assumir a seguinte atitude: "Estas são suas regras e você as aplica. Eu não posso lhe impedir, mas tampouco o ajudarei, já que minha única obrigação é para com meus eleitores locais".

Aplicada, de forma consistente, a não cooperação em qualquer nível, o poder do governo central diminuirá drasticamente e então evaporará. E, à luz da opinião pública em geral, parece extremamente improvável que o governo federal ouse ocupar um território cujos habitantes nada fizeram além de tentar cuidar de sua vida sozinhos. Waco[5], um diminuto grupo de loucos, é uma coisa. Ocupar e exterminar um grupo relativamente maior de cidadãos normais e respeitáveis é outra, bem diferente e mais difícil.

Assim que a quantidade de territórios implicitamente separados alcança sua "massa crítica", e o sucesso em uma localidade promove e alimenta o sucesso na próxima, é inevitável radicalizar a iniciativa nacionalmente, com medidas locais explicitamente separatistas e a não cooperação aberta e desdenhosa para com a autoridade federal.

Diante dessa situação, o governo central será obrigado a abdicar de seu monopólio da proteção, e a relação entre as autoridades locais ressurgentes e as autoridades centrais prestes a perder sua força pode ser estabelecida contratualmente – e as pessoas talvez recuperem o poder de defender sua propriedade.

---

[5] Referência ao Cerco de Waco, ocorrido entre os dias 28 de fevereiro e 19 de abril de 1993, próximo à cidade de Waco, no Texas, quando, após a morte de quatro oficiais do governo em uma troca de tiros durante a tentativa do Bureau of Alcohol, Tobacco and Firearms (BATF) em invadir o complexo religioso Monte Carmelo da seita liderada por David Koresh (1959-1993), agentes do Federal Bureau of Investigation (FBI) cercaram o local por cinquenta e um dias, até a invasão que, em um incêndio, resultou na morte do líder da seita e de mais setenta e cinco membros, incluindo cerca de vinte crianças, além dos seis membros que morreram no tiroteio do primeiro dia do incidente. (N. E.)

Índice remissivo e onomástico

A

Academia (como sistema universitário), 62 ,64
Alabama, 8
Alemanha, 10, 45
Alemanha Ocidental, 10
Auburn, 8

B

Bankruptcy of American Politics, The [A Falência da Política Norte-americana], palestra promovida pelo Mises Institute, 7
Bonaparte, Napoleão (1769-1821), 45
Brasil, 9, 12, 14
Brasília, 12, 14
Breve História do Homem, Uma, de Hans-Hermann Hoppe, 11, 36

Bureau of Alcohol, Tobacco and Firearms (BATF), 71

C

Califórnia, 9
Cive, De [*Do Cidadão*], de Thomas Hobbes, 22
Constituição Brasileira, 12

D

Democracia, 11, 34, 35, 36, 37, 38, 42, 43, 45, 52, 55, 56, 60, 62,63
Democracia, o Deus que Falhou, de Hans-Hermann Hoppe, 11, 36

E

End of History and the Last Man, The [*O Fim da*

História e o Último Homem], Francis Fukuyama, 37, 38
Escola Austríaca de Economia, 10, 27
Estados Unidos, 37, 45, 46
Ética e a Economia da Propriedade Privada, A, de Hans-Hermann Hoppe, 11
Europa, 10, 45

F

Federal Bureau of Investigation (FBI), 71
Federalismo, 12
Frankfurt, 10
Fukuyama, Francis (1952-), 37, 38

G

Goethe-Universität, 10
Guerra da Secessão dos Estados Unidos, 45

H

Habermas, Jürgen, (1929-), 10
Hayek, F. A. [Friedrich August von] (1899-1992), 12
Hiperfederalismo, 12
Hobbes, Thomas (1588-1679), 22

Hoppe, Hans-Hermann (1949-), 7, 9, 10, 13, 14, 19, 36

I

Istambul, 10
Itália, 45

J

Johns Hopkins Univerty, 10

K

Koresh, David (1959-1993), 71

L

Lenin, Vladimir Ilyich Ulianov (1870-1924), conhecido como, 9, 19
Leviathan [*Leviatã*], de Thomas Hobbes, 22
Liberais clássicos, liberalismo clássico, 51, 61
Ludwig von Mises Institute, 8, 10

M

Mises Institute, 8, 10
Mises, Ludwig von (1881-1973), 10, 13
Moeda, 23, 36
Moeda-mercadoria, 23

Índice remissivo e onomástico

Monte Carmelo (de Waco, Texas), 71

N

Newport Beach, 7

P

Peine, 10
Primeira Guerra Mundial, 34

R

Rand, Ayn (1905-1982), 12
Reforma do Estado, 34
Revolução comunista de 1917, 9
Rockwell Jr., Llewellyn H. Rockwell, (1944-), mais conhecido como Lew, 36, 66
Rothbard, Murray N. (1926-1995), 10
Rússia, 19

S

Seis Lições, As, de Ludwig von Mises, 13

Socialismo, 60

T

Teoria sobre Socialismo e Capitalismo, Uma, de Hans-Hermann Hoppe, 10
Texas, 71
Turquia, 10

U

Universität des Saarlandes, 10
University of Michigan, 10
University of Nevada, 10
Uso do Conhecimento na Sociedade, O, ensaio de F. A. Hayek, 12

V

Velho Oeste norte-americano, 26

W

Waco, 71
Washington, D.C., 66

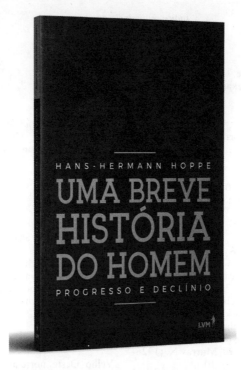

Uma Breve História do Homem de Hans-Hermann Hoppe narra as origens e os desenvolvimentos da propriedade privada e da família, desde o início da Revolução Agrícola, há aproximadamente onze mil anos, até o final do século XIX, discute como a Revolução Industrial libertou a humanidade ao possibilitar que o crescimento populacional não ameaçasse mais os meios de subsistência disponíveis, e, por fim desvenda a gênese e a evolução do Estado moderno como uma instituição com o poder monopolístico de legislar e de cobrar impostos em determinado território, relatando a transformação do Estado monárquico, com os reis "absolutos", no atual Estado democrático, com o povo "absoluto".

Rumo a uma Sociedade Libertária apresenta em capítulos curtos e incisivos as questões polêmicas mais discutidas em nosso tempo sob o prisma dos fundamentos básicos do libertarianismo. No característico estilo claro e agradável que marcam todos os seus escritos, Walter Block discute política externa, economia e liberdades pessoais nesta coletânea de ensaios. Ao forçar o leitor a sair do lugar comum das análises políticas, econômicas e sociais, a lógica impecável do autor revela que os princípios econômicos da Escola Austríaca e o pensamento individualista libertário são os melhores veículos para compreender os problemas mundiais e conduzir em direção às soluções destes.

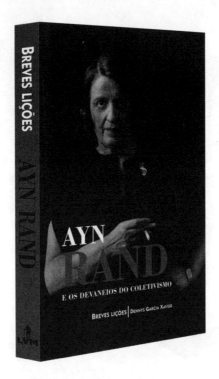

Reconhecida como uma das mais influentes autoras do século XX e tendo criado uma escola de pensamento denominada Objetivismo, a filósofa e romancista Ayn Rand é o objeto do segundo volume da *Coleção Breves Lições*, cujo proposito é apresentar com linguagem acessível e cientificamente correta, a um público leitor mais amplo e variado, as linhas gerais do pensamento dos mais importantes autores liberais ou conservadores em um enfoque interdisciplinar. Ao reunir uma seleção de textos de diferentes especialistas brasileiros, *Ayn Rand e os Devaneios do Coletivismo* é a melhor introdução ao pensamento randiano disponível em língua portuguesa. Organizado pelo filósofo Dennys Garcia Xavier, o livro reúne ensaios do próprio organizador, bem como do jurista Alexandre Walmott Borges, da educadora Anamaria Camargo e do empreendedor Roberto Rachewsky, dentre outros.

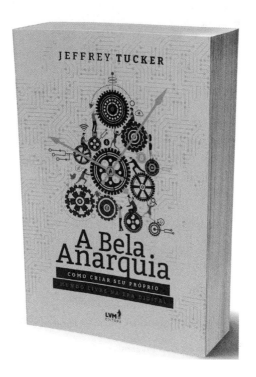

A Bela Anarquia é o hino rapsódico de Jeffrey Tucker sobre o maravilhoso período de inovações em que vivemos, além de um chamado para usarmos as ferramentas tecnológicas como instrumento para ampliar a liberdade humana e acabar com a dependência das pessoas em relação aos poderes coercitivos estatais. A obra cobre os usos das mídias sociais, a obsolescência do Estado-nação, o modo como o governo está destruindo o mundo físico, o papel do comércio na salvação da humanidade, as depredações da política monetária governamentais e o mal da guerra, bem como a mentira da segurança nacional e o papel das sociedades privadas como agentes de libertação. É um livro atual, conciso e anedótico.

Acompanhe a LVM Editora nas redes sociais

📘 https://www.facebook.com/LVMeditora/

📷 https://www.instagram.com/lvmeditora/

Esta obra foi composta pela BR75
na família tipográfica Sabon e impressa em Pólen 80 g.
pela PlenaPrint Gráfica para a LVM em maio de 2019